¿EJERCER O EMPRENDER?

De 8-5 a 24/7

Enfrenta tus miedos, renuncia al salario y alcanza el éxito

ANNY BARBOZA

Copyright © **2024 Anny Barboza**

Título: ¿EJERCER O EMPRENDER? De 8-5, a 24/7
Sub Titulo: Enfrenta tus miedos, renuncia al salario
y alcanza el éxito

Dimensión: 135 p.; 13,97 x 21,59 cm

ISBN: 9798304462631

Edición, diseño y diagramación:
Escuela de Autores
3437 Murcia Ct, Fort Myers, Florida, 33905, U.S.A.
info@escueladeautores.com
+13057078850
(305)707-8850

TODOS LOS DERECHOS RESERVADOS
Cualquier parte de este libro puede ser reproducida o almacenada en cualquier sistema electrónico, mecánico, de fotocopiado, de almacenamiento en memoria o cualquier otro, o transmitida de cualquier forma o por cualquier medio.
SOLO CON EL PERMISO EXPRESO DEL AUTOR.

Dedicatoria

En primer lugar, mi dedicación y respeto a todos los que se esfuerzan e invierten tiempo en alcanzar sus metas académicas. Este proceso implica grandes sacrificios que no siempre son valorados.

Este libro también está dedicado a los emprendedores y socios que formaron parte de mi vida familiar y laboral. Gracias por permitirme practicar, madurar y aprender en el área de ventas directas (emprendimiento) desde mis inicios hasta hoy.

Agradezco a los numerosos socios que me han brindado su tiempo y otorgado el privilegio de ser su figura de autoridad, como ejemplo de mujer, emprendedora, empresaria, socia y esposa.

Reconozco a quienes han seguido un consejo o han confiado en la experiencia y destreza que he alcanzado en mis trece años de emprendimiento y liderazgo.

Con mucho respeto, dedico mi primer libro a todos los que buscamos transformarnos y crecer en la hermosa carrera de las ventas (emprendimiento). Más allá del resultado económico, descubrimos cómo parte de nuestra vida cambia y mejora gracias al estudio de esta profesión. Me refiero a la grandeza del fortalecimiento emocional, del carácter, de la determinación, del enfoque, de la dedicación y, a menudo, de la gran obsesión por comenzar y terminar un proyecto.

Para ser un profesional en ventas (emprendedor) se requiere coraje, porque hay que someterse a un proceso de transformación constante. Este se reflejará de forma integral en tu vida y en esta carrera que no termina nunca, pues para mantenerte vigente necesitas estar siempre aprendiendo.

"Principios del emprendimiento: Aprendizaje y humildad"

Agradecimientos

Con cariño, amor y profundo respeto, a todos mis mentores, y a quienes me han brindado apoyo integral y emocional en este proceso de transformación.

A mi amado Jesús, por ser fiel, bondadoso, amoroso, proveedor y cumplidor de sus promesas. Y, sobre todo, por sostenerme y proporcionarme mis dones, talentos y virtudes.

A mis padres, Matilde y Anselmo, por darme la vida y estar siempre cerca, escuchándome y acompañándome en el maravilloso camino del emprendimiento. Gracias por elegir permanecer a mi lado.

A mi amado esposo, Elías Guerra, quien siempre ha creído en mi potencial. Ha sido parte fundamental en el desarrollo de mi vida, así como en la creación de este libro. Gracias por ser mi mentor personal, enseñándome a ser esposa, socia y compañera.

Gracias a Alexandre y Semenia por enseñarnos la importancia del trabajo Duro y Constancia considerándola como una de las tantas claves para alcanzar todo lo que nos queramos proponer materializar.

A los Sres. Reinaldo y Emelia Candelaria, que con su gran experiencia de tres décadas desarrollando y construyendo empresas, han sido ejemplos de trabajo, ímpetu y dedicación. Por sus actitudes, se los valora como ejemplos empresariales y de vida.

A Juan Carlos Rodríguez, experto en liderazgo y emprendimiento, con trece años de experiencia. Por haberme motivado a seguir educándome para sacar mi mejor versión, agregando valor con material de apoyo cada día.

A los Sres. Angelica y Alonso Figueroa, quienes, con sus conocimientos en coach empresarial, han aportado valiosos *feedbacks* para la construcción de nuestra organización. Su formación educativa impulsó enormemente la elaboración de este material.

A mi querido Omar Asa, quien, con sus conocimientos y el aporte de nuestro gran Espíritu Santo, me gratifica con conversaciones y espacios de despertar. Gracias por enseñarme a hacer pausas necesarias para escucharme y conectarme conmigo misma, aprovechando mis dones y talentos para llevar a cabo mi propósito.

Sin dejar de mencionar a todas aquellas parejas que conforman mi círculo íntimo, compartiendo avances, proyectos, viajes, conversaciones y más.

Dedicado a ustedes.

Anny Barboza

Introducción

¿Estás en la encrucijada entre ejercer tu carrera universitaria o emprender un negocio?

Si dudas sobre qué camino tomar, mi historia podría ser la inspiración que necesitas. En estas páginas comparto mi proceso de transformación: cómo pasé de ser una empleada subordinada, administradora en la organización de alguien más, a convertirme en la generadora de proyectos y la responsable de hacer que las cosas sucedieran. Mi transición no solo cambió un salario fijo por ingresos que superaron los 4,7 millones anuales en ventas, alcanzando cifras de seis dígitos, sino que también transformó mi vida de manera integral.

Aquí encontrarás herramientas prácticas y aprendizajes acumulados a lo largo de los años, no solo para crecer profesionalmente, sino también para mejorar en lo personal, económico, físico y espiritual.

Introducción

Este libro no es solo una historia de éxito, sino una guía para que tú también tomes las riendas de tu destino y construyas una vida plena y significativa.

ÍNDICE

Introducción 11

Capítulo I
MI TESTIMONIO PERSONAL 15

Capítulo II
ROMPIENDO ESQUEMAS 29

Capítulo III
EMPRENDIMIENTO VS PROFESIÓN ACADÉMICA 43

Capítulo IV
PÉNSUM DEL EMPRENDEDOR 55
    En el primer año 59
    Segundo año: confianza y fe 61
    Tercer año: seguir y persistir 64
    Cuarto año: sistema y educación 66
    Quinto año: influencia y liderazgo 69

Capítulo V
LO QUE NO SE NOS DICE AL MOMENTO DE EMPRENDER 85

Capítulo VI
CARTAS DE MI, PARA EL LECTOR 105
- Primera 109
- Segunda 111
- Tercera 113
- Cuarta 116

Al cierre
HONOR A MIS MENTORES 121

SOBRE LA AUTORA 133

Capítulo I

MI TESTIMONIO PERSONAL

Me llamo Anny Barboza, y soy venezolana. Nací en junio de 1985, en Maracaibo, "La tierra del sol amado". Soy la tercera de cuatro hermanas. Provengo de una familia de clase media-baja. Mis padres, aunque no profesionales, eran personas de principios y valores.

En nuestro hogar prevalecían los buenos modales: el servicio, la unidad, el amor, el respeto y las buenas costumbres, era sagrado comer en familia, respetar a los mayores, sentarse correctamente, usar la servilleta, entre otras cosas. La sensibilidad, la empatía y el deseo ardiente de superación definían nuestro hogar.

Mis padres se esforzaron por brindarnos una educación digna y progresista. Su objetivo era prepararnos para la universidad, donde estudiaríamos para luego acceder a buenos trabajos. un buen cargo laboral o Empresarial. De esta manera sería más fácil desarrollarnos integralmente siendo la única manera de poder cumplir nuestros sueños. (Basado en el sistema educativo tradicional).

Compartiré un poco sobre mi historia, que quizá se asemeje a la tuya: mis costumbres, mi crianza, de qué hablaba, qué hacía, cuáles eran mis actividades y cómo llegué a ser quien soy.

Soy el resultado de la cultura, de la regencia, de los prejuicios, de las perspectivas y conocimiento de mis padres.

Mis padres, amorosos y trabajadores, eran sumamente responsables. Mi madre destacaba por su hospitalidad y su palabra, y mi padre por su lealtad y fidelidad. Se esforzaban por cumplir con los compromisos del hogar: alimentación, vestimenta, techo, transporte, educación y, ocasionalmente, distracción, paseos y viajes. Nuestra situación económica no permitía mucho, pero el trabajo arduo de mi padre y la fuerza de voluntad de mi madre superaron todo pronóstico esperado para una situación tan limitada.

Crecí en un ambiente muy familiar donde el dicho popular "donde come uno comen cien" era una realidad. La fiesta, el disfrute, el chiste, el comentario y la burla formaban parte de cada invitación. La idiosincrasia de nuestra cultura es algo que está inclusive en nuestro ADN, el Celebrar cumpleaños, feriados y aniversarios eran una excusa para divertirnos y compartir. A pesar de la difícil situación económica, mis cuatro hermanas, los nueve tíos, los treinta y ocho primos y los vecinos de la cuadra se reunían a pasarla bien, creando momentos inolvidables.

A pesar de la escasa educación académica de mis padres, su deseo ardiente de que nos superáramos los llevaba a repetirnos incansablemente: "Tienen que ser alguien en esta vida. Por eso tienen que estudiar". Estas palabras quedaron grabadas en mí.

Pertenezco a una generación que fue criada bajo el mandato de que a la madre se la respeta por sobre todas las cosas. La madre es la patrona, la reina, la máxima autoridad del hogar. Es quien toma las decisiones, lleva el control de la casa y dicta cómo se hacen las cosas. La madre es determinada, proactiva, servicial, atenta, responsable, comprometida, luchadora, entre muchas otras cualidades.

Al ser criada de este modo, era imposible que no heredara varias de estas cualidades. Desde pequeña tuve este modelo de madre y mujer como referencia. He sido una hija obediente, respetuosa, considerada y ordenada. A mis padres siempre les mostré buena disposición para ayudarlos con las tareas del hogar. Soy una hija y hermana obediente, respetuosa, considerada e inclusive conciliadora, que intercedo de ser necesario para evitar o resolver disputas, a la que llaman la JUEZ de PAZ, la que negocia, llega a acuerdo. Me mantenía siempre positiva, exhibiendo un gran carisma, adaptándome a cada situación que se presentara. Y la que decía que si NO ARRIESGABA NO SABIA SI PERDÍA O GANABA.

Estudié en colegios católicos desde preescolar hasta secundaria. Por las tardes practicaba ballet, música, danza contemporánea y nacionalista. Estas actividades me apasionaban. De hecho, disfrutaba más de ellas que estudiar. Pertenecí al Ballet de Yolanda Moreno, academia donde me convertí en artista y bailarina. Allí descubrí mis primeros talentos:

un don artístico que se desarrollaba a través de la expresión del alma, el bien conocido baile.

Durante la secundaria, también trabajaba para aportar en casa. Fui bailarina de un mariachi, actividad que realizaba en compañía de mi hermana mayor, la violinista del grupo. Estuve allí desde séptimo hasta quinto año de bachillerato. Estoy hablando de que tenía 13 años para el momento. El dinero que ganábamos mi hermana y yo trabajando lo compartía con mamá para los gastos del hogar. Porque en ese entonces el ingreso de papá no era suficiente para cubrir todas las necesidades familiares.

Recuerdo que, en aquella época, se daba con frecuencia que mis amigas del bachillerato celebraban sus quince años y yo no podía ir porque me tocaba trabajar. Sin embargo, muchas veces el mariachi que elegían para cantar sus mañanitas coincidía con el mío. Entonces, si bien faltaba a la celebración, las acompañaba en el baile, donde compartíamos los mejores momentos.

Durante todo este tiempo, sin saberlo, creyendo que sacrificaba el disfrute se estaba formando mi carácter, mi determinación y mis pensamientos. Estudié y me gradué como bachiller en Ciencias, logro que alcancé gracias al apoyo de mi familia.

Al finalizar los estudios secundarios y comenzar la universidad, decidí dejar el mariachi y empecé a buscar trabajo administrativo. Llegué a ser recepcionista y secretaria de una constructora familiar que hacía trabajos de ingeniería civil para el Ministerio del Ambiente. Este trabajo me permitía estudiar de noche y trabajar de día. Esto me facilitaba finalizar rápido la carrera y optar por un cargo mejor.

Esta experiencia me ayudó a practicar y conocer más sobre responsabilidad, disciplina, sentido de pertenencia, respeto, relaciones y compromiso. Aprendí sobre tractores, leyes, maquinaria pesada y recursos humanos, entre otras cosas. Asimismo, me permitió ir descubriendo por segunda oportunidad más habilidades que poseía.

En esa temporada, mi hermana mayor decidió irse a otro país. Por esta razón me esmeré aún más en seguir apoyando a mis padres en el sostenimiento de la casa, junto con mis otras dos hermanas. Mis padres ratificaban una vez más el: "Estudien, sean profesionales para que sean alguien en la vida", esmérense en sacar una carrera universitaria. Eso les abrirá puertas, y así no tendrán que aguantarle nada a nadie, mucho menos a un hombre". Estas palabras, que te van marcando, tienen el don de llevarte por el camino de lo seguro que al mismo tiempo son miedos. (Mis padres hicieron lo mejor y lo único que sabían hacer por nosotras).

Lo cierto es que escuchaba estas palabras una y otra vez. Las repetía en mi mente. La vocecita interna me decía que solo de esta forma podría salir de donde estaba y alcanzar mis sueños.

Comparto contigo que una parte de mí me decía que No me quedaría en el mismo lugar, que iba a salir de donde estaba y que sería un modelo digno de seguir. Sin embargo, también era consciente de que mis calificaciones académicas no eran excelentes. No me apasionaba estudiar; solo hacía lo necesario para pasar los exámenes. Nunca repetí una materia ni un año, pero me limitaba a sacar notas mínimas para avanzar. De hecho, el único libro que leí me llevó un año hacerlo (era para defender literatura en 5° año de bachillerato). Lo que sí sabía, en lo más profundo de mi corazón, era que algún día saldría de mí del lugar donde me encontraba, entorno, ciudad, estado e inclusive mi país y buscaría qué hacer.

A los veinte años, mi hermana me invitó a visitar Australia, donde hoy reside y momento que le agradezco que me haya llevado; fue la primera vez que salí y volé en avión. Gracias a esa experiencia, empecé a descubrir lo que quería ser y en quién me quería convertir. En mi inmadurez y desconocimiento de la vida, me di cuenta de que puedes elegir a dónde quieres ir, y que hay un mundo lleno de posibilidades donde lo que solo necesitas es decidirlo. El mundo es un catálogo en el que puedes elegir qué lugar nuevo conocer, disfrutar y descubrir. Pero no estaba tan despierta como ahora, razón por la cual lo tomé como un simple paseo de visita. Estuve con ella algunos meses, pero no consideré hacer una vida allá, porque mi único foco era terminar mi carrera universitaria. Mi mente repetía lo que mis padres me decían: "Estudia para que seas alguien en la vida; tienes que graduarte y ser una profesional". Me había comprometido moralmente con mis padres, más que conmigo misma, y no podía fallarles. Tenía que colgar ese título en la pared de mi casa.

Unos seis meses después, volví a Venezuela y retomé los estudios superiores. Me preparé arduamente para la dichosa, sonada y anhelada carrera universitaria. Siete años más tarde, obtuve el título de Lcda. en Administración en la bien conocida Aula Magna de la Universidad del Zulia. Mis hermanas ya se habían graduado y sus diplomas o títulos universitarios estaban colgados en la pared principal de la casa. Por fin había llegado el momento más esperado por mí y por mis padres. Había alcanzado la primera gran meta en mi vida.

Una vez obtenido el título como Lcda. en Administración, lo que seguía era optar por un buen empleo. De esta manera cumpliría con el mandato de mi padre, quien nos había insistido durante años: "Estudien, sean profesionales, esmérense en sacar una carrera universitaria. Eso les abrirá puertas, y así no tendrán que aguantarle nada a nadie, mucho menos a un hombre".

Y mi padre tenía razón. Ser profesional me abrió puertas, por lo que siempre agradeceré la labor de mis padres por haberme incentivado a cursar la educación superior. Me esmeré en preparar mi currículum (hoja de vida) y empecé la búsqueda de mi gran sueño. Fue entonces cuando leí por primera vez un libro titulado El secreto, que habla del poder de la atracción. Después de tres intentos, logré ser seleccionada en una de las mejores industrias del mundo, Petróleos de Venezuela (PDVSA, LA ESTANCIA).

Allí estuve cuatro años, en diversas áreas, como correspondencia, recepción y de asistente administrativo. Esta experiencia contribuyó mucho a mi formación profesional, por lo cual me siento una afortunada por haberla vivido. En ella pude desarrollar mi capacidad de servicio, compromiso, responsabilidad y dedicación, entre otras cualidades. Aprendí sobre relaciones, transacciones, archivos, facturas, cuentas por pagar y cobrar, recibos, notas de entrada, creación de informes, memos, juntas y reuniones, comunicación virtual y manejo de diálogo y vocabulario específico. Además, conocí a muchos artistas musicales y culturales, así como a otras personas relacionadas con ese mundo. Mi formación académica me hizo más estructurada y planificada. Aprendía en profundidad sobre gestión organizacional, lo cual me llevó al éxito, logrando un importante: Cargo de gerente en el área.

No obstante, durante esos años intenté unas seis veces obtener la visa americana. En todo ese tiempo, una vocecita interior buscaba convencerme de cumplir el gran sueño americano. Todos esos intentos fallidos fueron frustrantes. Además del gasto de dinero implicado, me desgastaron emocionalmente. Pero tenía un sueño que cumplir, aunque aún no estaba segura de qué forma se lograría. Sin embargo, sí tenía la convicción de que sería grande, y de que a través de él contribuiría a cambiar mi vida y la de los demás.

En ese tiempo, me comprometí con quien hoy es mi esposo. Cómo él ya tenía visa americana y una oportunidad de negocio en Estados Unidos me pidió que volviera a intentarlo. Le dije que lo haría, pero que no estaba dispuesta a pagar nada (aranceles, viáticos, boletos, estadía, etc.). Era obvio que después de seis intentos, la posibilidad de que la visa fuera concedida era nula. Por eso nos dimos un ultimátum. Si me otorgaban la visa, nos casaríamos; de no ser así, hasta ahí llegaba nuestra relación.

Elías emprendió su viaje a Estados Unidos en agosto de 2011, y mi séptimo intento de visa fue en septiembre del mismo año. Afortunadamente para ambos, se me otorgó la visa por diez años, lo que me permitió viajar por primera vez al país donde los sueños se hacen realidad. En diciembre viajé a Tampa, donde estuve veinte días acompañando a Elías en su actividad.

Durante ese mes se celebró una convención relacionada con su emprendimiento en Washington D.C. En esa celebración, vi cómo reconocían a los mejores representantes de ventas directas en el país. Elías ganó el Reconocimiento como el mejor en su temporada, ya que ese año había sido el mejor en su categoría a nivel nacional. Aunque el evento me agradaba, no me veía cambiando de profesión. Además, no sentía especial interés por las ventas, cuando nunca la vi como una carrera universitaria sino más bien como un extra y de manera muy informal.

Por supuesto, no es lo mismo turismo que inmigración. Aunque debo reconocer que mi primera estadía fue muy cautivadora, En este viaje conocí Disney World, donde me maravillé ante el mismo castillo que veía de niña por tv. Sin embargo, esta vez era un cuento hecho realidad. Viví un momento mágico en la ciudad de Orlando.

Pasé mis días de vacaciones, me divertí, me cautivó el lugar, pero regresé por el compromiso, la responsabilidad y sobre todo el cumplimiento de lo alcanzado: el trabajo soñado en la industria petrolera. Después del empleo vendrían el carro y la casa, entre otras cosas, como esta supuesto que sea el orden de lograr las metas culturalmente.

El día de mi graduación

Capítulo II

ROMPIENDO ESQUEMAS

"DEL SUEÑO PROFESIONAL AL EMPRENDIMIENTO"

Para el año 2012, mi pareja me expresó su interés de formalizar nuestra relación. Él estaba seguro de que tendríamos mucho éxito si formábamos un equipo de trabajo, llevando a cabo la actividad a la que él se dedicaba. Esta situación me impulsó a tomar decisiones radicales e importante a nivel personal, después de una gran conversación y de cuerdos ante los pasos a seguir.

Una vez dialogado definimos el momento para dar el paso haciéndole saber que necesitaba tiempo para cerrar ciclos pendientes y gestionar adecuadamente mis pendientes. Fue entonces cuando, en mayo, coordiné mi viaje y la formalización de nuestra relación. Nos casamos como cualquier mujer soñaría.

Con vestido blanco en la playa, rodeada de seres queridos. Fue un momento importante para ambos.

Hoy en día agradezco ese momento, porque fue el inicio de una gran transformación en mí. Aunque no estaba del todo preparada, es lo que me ha impulsado a los siguientes niveles. Mi esposo estaba muy seguro; veía talentos, destrezas y habilidades en mí. Yo intuía poseer estas cualidades, pero no las consideraba sorprendentes. Solo confiaba en lo que había logrado por mi cuenta y en lo que había aprendido en los siete años de universidad: organizar, controlar, dirigir, gestionar. Mi aprendizaje y la experiencia adquirida en mis labores anteriores eran lo único en lo que confiaba.

Una vez finalizado lo relacionado con el matrimonio, busqué estabilidad. A partir de entonces, comencé a conocer de cerca a lo que se dedicaba Elías. Él siempre me decía que seríamos un gran equipo, que si nos esforzábamos lo necesario conseguiríamos lo que anhelábamos. De esta manera, nuestros sueños se convertirían en realidad, y sería posible ayudar a los nuestros, entre otras tantas cosas que queríamos hacer.

Durante ese proceso, una voz interior me decía que todo parecía demasiado fácil para ser verdad. Él me hablaba de ser dueña de una compañía, estabilidad financiera, viajes, crecimiento, expansión, gerencia, desarrollo de equipos, organización. Me movería en un entorno en el que conocería a muchas personas. Elías se entusiasmaba hablando de grandes equipos de vendedores.

La idea me parecía genial, porque, ¿quién no querría tener una vida así?

Intenté involucrarme en las tareas que Elías estaba desempeñando. Estaba claro que él se dedicaría a eso buena parte de su vida. Como es lógico, eso me daba un poco de seguridad. Sin embargo, hice varios intentos de realizar la actividad, pero me encontré con barreras mentales, límites y falsas creencias que no me permitían atreverme a hacer otras cosas.

En estos momentos es cuando tenemos que prestar atención a los pasos que vamos a dar en nuestras vidas. Porque las viejas mentalidades, las falsas creencias y los límites mentales son los que no te dejan convertir tus deseos en realidad.

Antes de entrar en mi punto de interés, déjame compartirte a qué se dedicaba Elías. Durante toda su vida, lo único que vio fue emprendimiento, dueño de empresas y venta, por ende todo estaba inclinado a que él lo replicara. Su deseo era ser dueño de empresas y realizar ventas. En esta oportunidad se trataba de ventas directas al mercado hispano, trabajando con una compañía americana establecida desde hacía más de sesenta y cinco años. Esta empresa se dedicaba a la comercialización y distribución de utensilios para el hogar en Estados Unidos y otros doce países. Estaba dirigida por americanos expertos en esa industria. La mentalidad de Elías estaba enfocada en la generación de comisiones, los bonos, incentivos, ganancias, residuales, metas competencias etc.

Él creyó que todo ese proceso de transición sería muy sencillo tanto para él como para mí. Se dijo: "Incluyo en mi proyecto a una experta en gerencia en una compañía que sería de ambos y con su experiencia, organizará todo lo que llevo construyendo desde hace dos años mientras yo me encargo de seguir vendiendo, que es lo que realmente disfruto hacer. De esa manera, tendremos lo que se nos ha prometido, lo que hemos soñado, que es alcanzar el gran sueño americano".

La sorpresa para él fue que yo no tenía la más mínima intención de formar parte de su compañía de ventas, y mucho menos tratándose de utensilios de cocina. En mis planes, en mi mente y en lo más profundo de mi corazón, estaba el deseo de alcanzar la misma posición que tenía en mi país. (mentalidad) En realidad, mi intención era sacarlo de la venta, que para mí significaba inestabilidad. Quería decirle que, con esa decisión, el sueño en el que él creía no sería posible. Consideraba necesario, e incluso obligatorio, que fuera un profesional para poder escalar. Más allá de intentar involucrarme en su proyecto, quería encontrarle un trabajo de verdad. Un puesto que le proporcionara estabilidad, algo fijo con lo que realmente pudiera contar. mostrándole que Estados Unidos ofrece grandes oportunidades, pero que la venta era muy inestable e insegura. Es un trabajo en el que se depende de la voluntad del cliente. (creencia) En ese momento creía que, si no vendía, no comeríamos. A pesar de no hablar el idioma, no tener licencia ni documentos, creía en que tocaría las puertas de una compañía relacionada con mi última actividad laboral y conseguiría el trabajo soñado que estaba buscando.

En resumen, mientras más quería salirme y sacarlo a él de esa mentalidad de vendedor, Elías más se afianzaba a la posibilidad de no tener un empleo ni mucho menos un sueldo fijo. Fueron momentos muy intensos porque nos acabábamos de casar, y él ya pensaba en la posibilidad del divorcio porque yo no seguía sus proyectos ni confiaba en lo que había construido en los últimos dos años. Fueron seis largos meses de discusiones. Él vivía soñando y yo lo traía a tierra con mis realidades. Él tenía hora de salida, pero no de llegada. Si iba a una zona a trabajar y llamaba un cliente, el plan tenía que cambiar; si el cliente no podía a pesar de que él ya estaba en su casa, perdía el viaje; si después de invertir una hora de tiempo, el cliente cambiaba de decisión, todo quedaba en la nada. En resumen, todo estaba siempre sujeto a cambios imprevistos.

Yo defendía el hecho de mantener un horario, tener otras rutinas y separar el trabajo de la vida personal,

También le exigía el que el cliente debía cumplir su palabra para no perder el viaje. Además, insistía en tener otro círculo de relaciones y ocupar los fines de semana en nosotros, compartiendo con nuevos amigos. Todo esto me resultaba inevitable, porque me había formado de manera muy estructurada, planificada y estricta y sobre todo muy formal.

"El camino más fácil al fracaso es ser realista".

J.C.R.

Después de varias llegadas tarde, decidí tener una conversación definitiva con Elías. Para ese entonces, llevábamos unos seis meses trabajando a contracorriente. Mi único objetivo era hallar la manera de sacarlo de la venta. Sin embargo, durante la conversación me aseguró que no abandonaría esta oportunidad. Respecto a mí, me aclaró que si no estaba contenta, podría regresar a mi lugar de origen, pues todavía tenía tiempo. Además, acentuó el hecho de ver esta oportunidad como una buena forma de salir adelante, construir una compañía juntos, formar un gran equipo y, sobre todo, una organización.

Al ver que lo que había planeado no estaba funcionando, le pregunté qué esperaba de mí y cuánto tiempo necesitaba de mí. En mi posición de supuesta autoridad, porque yo era la profesional, pretendía tener el control de todo, incluso del tiempo. Su respuesta fue muy precisa: cinco años. Por supuesto, reproche esa respuesta pero él no cambió de opinión.

La conversación que en principio sería definitiva para él resultó ser definitiva para mí. Eran las 4:00 am, mi cuerpo estaba agotado y mi mente más aún. Recuerdo que le cuestionaba cualquier cosa que él dijera, olvidando que "el gran vendedor" allí era Elías.

Análisis

Las falsas creencias son las que no te dejan ver más allá de lo que conoces y sabes. Las creencias limitadas son las que por temor no te permiten darte nuevas oportunidades. La cultura tiene mucho que ver en esto, porque te acondiciona en la forma de pensar y actuar de todo el mundo (la masa)

En las primeras décadas de nuestras vidas a quienes más escuchamos es a nuestros padres. A lo largo de este tiempo, nuestros progenitores nos programan para ser igual que ellos muchas veces de manera inconsciente, Nos repiten una y otra vez las mismas cosas, basadas en sus creencias y limitaciones. Nos hablan y educan tomando como referencia sus propias experiencias de vida sus crianzas, sus límites mentales y sus creencias. Pero hay que saber que, en buena medida, estos conceptos surgen de sus pensamientos, sentimientos, miedos y frustraciones.

Las creencias son ideas o pensamientos que se asumen como buenas y válidas.

Basada a mi experiencia, el orden que considero necesario para alcanzar un objetivo es el siguiente:

1. Creencia.
2. Pensamiento.
3. Percepción.
4. Decisión.
5. Acción.
6. Repetición.
7. Hábito.
8. Resultado.

¿A qué punto quiero llegar con esto? A que sepas lo siguiente: las creencias heredadas son las que te van marcando la ruta de tu vida. Si pienso que lo que creo es correcto, lo voy a sentir, y lo que haga o quiera hacer, lo voy a percibir. Cuando lo esté haciendo, deberé tomar decisiones para ejecutar y accionar. Repitiéndolo todas las veces que sea necesario, se convertirá en un hábito, llevándome al mismo resultado.

En mi entorno, nunca conocí a un emprendedor o dueño de una compañía. No vi lujos ni riquezas. No sabía cómo alcanzar una meta ni convertir los sueños en realidad. Tampoco vi a otros cumplir sus propios sueños (al menos no era consciente de eso).

Lo único que hacía era trabajar y escuchar que todo en la vida se obtiene con mucho sacrificio, perdiendo, batallando, luchando, Me decían que la única opción era estudiar para llegar a ser una profesional, tener un buen empleo y no aguantarle nada a nadie. No era mi culpa, fue lo único que vi y aprendí.

Por eso enfatizo que sí importa de dónde vienes, cómo fuiste criado, como has estado creciendo. Conocer acerca de tus raíces es vital, como fueron criados tus papas, tus abuelos e inclusive tus maestros, cuáles fueron sus entornos, que escuchaban, que veían, con quien se relacionaban, que tanto sabían, a donde frecuentaban, De esta manera te será más fácil reconocer la importancia de tu transformación, para poder librarse del peso y de las cadenas que no puedes ver. Esto no significa que todo lo que tus antepasados te hayan transmitido sea negativo, pero es posible que cargues con prejuicios transgeneracionales que te estén limitando. Necesitas conocer y descubrir el origen del problema para reprogramarte.

Mi hermana menor fue mi primera figura inspiradora. Siguiendo el consejo de mis padres, para quienes el estudio era el camino, llegó a convertirse en una gran profesional. En la universidad se graduó con honores, siendo la número uno de su promoción y dos idioma, Gracias a sus estudios, fue la primera que pudo comprar casa, no una sino dos. Su historial académico le permitió ingresar a trabajar en una transnacional. Su entorno y relaciones eran diferentes, y todo esto se lo debía a su profesión. Como era el ejemplo más cercano que tenía, me decía a mí misma que solo existía una fórmula segura para el éxito: era estudiando.

La mente es tan poderosa que tiene la habilidad de convertirte en la mejor o en la peor versión de ti mismo. Por eso, hay que educarla e incluso domesticarla, porque nuestros pensamientos forman lo que somos y en lo que nos convertimos.

A partir del momento en que renuncié a la creencia que tenía sobre el proyecto de Elías, comprendí lo que me estaba pasando. Lo que te diré a continuación es el pensamiento central que ha motivado la escritura de este libro, así que presta atención.

Después de estas experiencias vividas, entendí que con estudios o sin ellos, es posible ser alguien en la vida progresar, cumplir sueños y no solamente anos, agregar valor, dar, ensenar, modelar, inspirar, dar ejemplo, dejar legados y más.

En el próximo capítulo, te mostraré cómo di el gran paso de Ejercer para Emprender.

Antes de reencontrarnos en la página siguiente, te dejo este valioso aprendizaje:

Los ambientes negativos o equivocados son los asesinos de miles de estupendas ideas cada minuto.

El día de mi matrimonio

El día de mi emprendimiento

Capítulo III

EMPRENDIMIENTO VS PROFESIÓN ACADÉMICA

Por lo general, existe una inmensa brecha entre la educación universitaria y la realidad del mundo laboral.

Profesión académica: Los estudios superiores son los que eliges después de terminar la secundaria, pero también pueden ser los que te eligen durante este período o incluso antes. En ocasiones, esta elección está condicionada por los consejos de tus padres o incluso por imposiciones externas, generalmente familiares. A veces, es una orientadora quien te ha ayudado a "descubrir" el área en la que te desenvolverías mejor. Una vez que has decidido (o han decidido por ti) qué estudiar, pasarás entre cinco y siete años formándote en una determinada área del conocimiento. Y cuando finalmente egreses, te dedicarás a una profesión específica durante toda tu vida. ¿Por qué crees que la llama "carrera"? Porque termina cuando mueres.

Emprendimiento: Por lo general, el emprendimiento es una actividad que tú eliges realizar. En mi caso, se me fue impuesto, aunque no me quejo, porque realmente funcionó. Cabe señalar que no es lo mismo emprender que ejercer.

Cuando ejercemos, la labor es más sencilla, porque simplemente nos automatizamos para realizar una gestión. Esto nos conduce a la famosa zona de confort. Hagamos o no la labor, igualmente nos pagan. En esos casos, bajamos nuestros sueños al nivel de meros ingresos, que suelen ser ordinarios e incluso básicos. Al menos esa fue durante un tiempo mi realidad.

A diferencia de cuando emprendemos, nos sometemos a procesos de transformación que muchas veces desconocemos. Y por ser desconocidos es que, en lugar de aceptarlos, nos resistimos y nos enfrentamos a ellos. En esos casos es más difícil emprender porque no se ven los beneficios de hacerlo.

Durante ese sometimiento, a pesar de la batalla interna y la tensión que eso genera, vas descubriendo distintas capacidades, virtudes, talentos destrezas, habilidades he inclusives Reconoces el propósito por el que has venido a la vida y un sinfín de cosas más que ignorabas tener.

Hay expertos que nos dicen que "venimos diseñados para triunfar, pero nos codifican para perder".

Retomando mi historia, en esa famosa conversación decidí convertirme en una aliada de Elías, pero no trabajar con él ni para él. Le pregunté qué necesitaba que hiciera.

Una vez que me dijo que necesitaba de mí y cuántas horas al día, me dediqué a diseñar la estrategia para acelerar los resultados y hacer que los cinco años pasaran rápido.

A medida que diseñaba y creaba la actividad que Elías requería, me encontraba una vez más con mis creencias, paradigmas, los prejuicios de mi crianza que me decían que no podía hacerlo, que no serviría para esto. Sin embargo, lo que me ayudaba a enfrentar esos pensamientos y miedos era el simple hecho de hacer la actividad (captar potenciales y futuros clientes). La mente ociosa es el casillero del diablo. Por eso, hacía, hacía y hacía.

La única forma de vencer el miedo es enfrentándolo, y eso fue lo que hice. Me dediqué a trabajar, hacer la actividad, a no tener tiempo de ocio o vacíos, me permití confiar y darle autoridad a quienes sabían más que yo (humildad). A la antigua Anny le molestaba e incluso dudaba que hubiese alguien que supiera más que yo. Sin embargo, acepté la realidad de que existían personas con mayor sabiduría en áreas en las que no me había formado. Además, si quería que esos cinco años pasaran rápido, tenía que colaborar con esas personas y no resistirme a sus iniciativas.

A medida que iba practicando, perfeccionaba la técnica, la forma, la estrategia y las condiciones. De este modo, me fui convirtiendo en una experta. Aprendí sobre otros idiomas, culturas, gastronomías, deportes e ideologías. También desarrollé técnicas de persuasión y servicio al cliente, entre muchas otras habilidades que te compartiré a medida que avancemos.

Mientras realizaba la actividad, los resultados iban llegando. Después de hacer lo mismo durante unos noventa días, era imposible que no se convirtiera en un hábito y que no se presentaran los resultados que tanto deseaba.

Gracias a que bajé la guardia y acepté con humildad mi nueva posición, las cosas fluían y los clientes me recibían. Incluso llegué a generar ventas, lo cual fue otro gran descubrimiento sobre mi persona. Todo se vende, pero creía (una vez más, las falsas creencias) que no sería capaz de hacerlo porque yo solo sabía comprar.

Al ver los resultados que conseguía, recordaba que durante mi infancia sobresalía en ciertas actividades. Por ejemplo, en la escuela, era la capitana del equipo deportivo. También fui tesorera y la encargada de gestionar y organizar las excursiones del salón. Era la mejor en el baile y en los deportes. En las actividades de la casa, ayudaba y atendía a mis padres. Fue entonces que pensé: "Hum... ya sé de dónde viene esto de gerenciar y liderar".

Por entonces, ya había pasado un año trabajando. Asistía a los entrenamientos de ventas, aprendía sobre el plan de marketing de la compañía, compartía con el equipo de ventas, me educaba y formaba en la parte empresarial, concurría a eventos, etc. Una vez más, estaba dispuesta. Y se dice que cuando el alumno quiere, el maestro aparece.

En la oficina donde nos entrenábamos, el líder nos puso a escuchar un audiolibro titulado Padre rico, padre pobre, de Robert Kiyosaki. Nos llevó unos tres días terminarlo. Sus valiosas páginas me dieron el impulso definitivo para convertirme en una emprendedora. Además, desde entonces comencé a entender al emprendimiento como una gran profesión, comparable a ser ingeniero, abogado, médico, contador, economista, arquitecto, administrador, educador, etc.

Este libro, al que le hago honor porque me identifiqué con lo dicho en él, generó en mí la fuerza interior para crear una nueva estrategia. Ahora pensaba cómo podría llevar a cabo la nueva carrera que había elegido estudiar: emprendimiento. Por eso, me preguntaba: ¿ejerzo o emprendo?

Tenemos una gran ventaja como lectores. Lo que a los autores les lleva años vivir o aprender para transmitirlo en sus obras, a nosotros nos lleva tan solo días asimilar o distinguir.

Los buenos libros te ofrecen respuestas a situaciones complejas que se te plantean en el camino de emprender.

Una vez tomada la decisión, vi la venta como un medio para desarrollarme. Para mí, era como la auditoría para un contador, el campo para un agrónomo, la siembra para un agricultor. En medio de mis entusiasmos, me decía: "No es tan difícil emprender. Es cuestión de ver estos cinco años como los que cursaría estudiando una carrera".

Como mencioné antes, emprender es someterse a un proceso de transformación. Sin embargo, al principio lo veíamos como el simple hecho de iniciar algo nuevo. Con el tiempo, ya en mis trece años de experiencia, puedo decir que se ha convertido en una carrera de vida. En el camino se presentan situaciones desafiantes cuyas soluciones no encontraremos en un manual. En realidad, es la experiencia la que te orienta en ese sentido.

El emprendimiento es maravilloso, pero también intenso para no decir difícil. Para mí, es netamente relacional y con el tiempo he aprendido que lo que más hay en el mundo es agua y gente. Si tienes problemas al relacionarte con las personas, emprender probablemente no sea para ti.

Con el paso de los años, también he aprendido que el emprendimiento exige un constante crecimiento personal. Esto te permitirá sostenerte en el tiempo y sobre llevar los retos que trae el hacerlo.

A nivel emocional, me ha tocado pasar por situaciones inesperadas e intensas de resolver que en ningún manual esta escritas. Pero estas cosas son parte de la vida. Por eso, ni siquiera en esos momentos amargos hay que perder de vista que debemos disfrutar el camino.

Según mi experiencia, todo emprendedor debe seguir dos principios fundamentales: tener humildad y estar siempre dispuesto a aprender.

En un principio, esto suena muy fácil. Sin embargo, a medida que vas acertando a buenos resultados suele confundirnos, haciéndonos creer que ya lo sabemos todo. Yo misma caí en este error y tuve que aprender a la fuerza. Ahora bien, el momento en que descubres de qué estás hecho regularmente llega cuando las cosas no están saliendo tan bien o estas tocando fondo, no en medio del éxito ni del progreso.

Te confieso que durante un tiempo eso de la humildad me quedaba grande, aunque creía que sí la tenía. Y esto sucede porque cuando tenemos éxito, es difícil no volverse algo arrogante. El orgullo comienza a apresarnos.

Los emprendedores pasamos por procesos que Elías y yo denominamos "La curva del emprendedor". En algún momento del camino pasarás por ella y solo tu capacidad, tu madurez, tus principios, tus valores, tu dominio de la emoción, tu espiritualidad es lo que te mantendrá en el camino y ayudara a resistir todo lo que esto provoca.

La curva no solo existe en el mundo del emprendimiento. También cuando estudias cuando te desarrollas, cuando te casas, cuando formas una familia. Sin embargo, muchas veces no la vemos como una curva. Sino que la vemos como un momento desafortunado, como que no es el momento perfecto, nos decimos simplemente que nos están saboteando o que Dios no está de nuestro lado.

La curva forma parte de un proceso, y como en todo proceso, se lleva tiempo, hay que tener paciencia. Y paciencia es el arte de esperar en PAZ, Soy consciente de que en este mundo moderno en el que nos encontramos se premia la inmediatez, los acelerado y lo inédito. Sin embargo, un buen emprendedor debe ver más allá de su circunstancia, sea esta positiva o no tan positivas.

Ya en este punto del emprendimiento necesito ser consciente que no tienes garantizada una retribución económica inmediata, pero sí lo que yo llamo salario emocional: un buen mensaje, una charla enriquecedora, una cena en un buen restaurante, una invitación a tomar un café, una buena conversación, etc. Son incentivos que se disfrutan muchos y que son sumamente necesarios.

He diseñado un plan de estudios (pénsum) que podría ayudarte a abordar esta gran profesión, facilitando tu camino y siguiendo un paso a paso, En mis investigaciones, no he encontrado una guía para llevarlo a cabo. Por lo general, se habla de conceptos como disciplina, sueños, metas y enfoque, entre otros, pero a menudo no sabemos cómo empezar. Simplemente nos dejamos llevar por esa fuerza interior que nos dice que lo lograremos.

Cuando entiendo y distingo esto, decidimos pasar de trabajar ocho horas al día, cinco días a la semana, a estar disponibles las veinticuatro horas del día, los siete días de la semana. (8/5 a 24/7)

Aunque las palabras pueden impactarnos, son los procesos los que realmente nos transforman.

La curva del emprendedor por Elías Guerra

Capítulo IV

PÉNSUM DEL EMPRENDEDOR

"Nada es particularmente difícil si se divide en tareas más pequeñas".

Henry Ford

En este capítulo, compartiré contigo mi perspectiva sobre cómo emprender puede llegar a ser tan valioso como poseer una carrera universitaria. Te presentaré la forma en que he vivido y cómo me he desarrollado. También te revelaré ciertas técnicas para que el emprendimiento sea más sencillo, accesible y digerible el hecho de emprender.

Con casi trece años de experiencia como emprendedora y desarrollándome en el liderazgo, he descubierto que emprender es caóticamente hermoso. Es caótico por la curva de aprendizaje, los fracasos, los desamores, las derrotas, las pérdidas y las innumerables situaciones que se presentan. Y es hermoso porque terminas apasionándote del proyecto y de las capacidades que descubres en ti mismo.

En este proceso, conoces verdaderamente la grandeza y la capacidad que tenemos los seres humanos para crear, diseñar, crear, construir y transformar.

Comparto una frase que ha resonado en mí en estos últimos cuatro años:

"Venimos diseñados para triunfar, pero nos programan para perder".

Actualmente, existen estudios que enfatizan sobre la importancia del emprendimiento. Por fortuna, las generaciones actuales le están dando mayor valor a la actividad de emprender. No obstante, muchos llevas a cabo el emprender careciendo de la formación necesaria. Hasta el momento, no se ha expuesto con claridad el cómo hacerlo. Por eso, se me ocurrió crear esta guía que te ayudará a iniciar el camino del emprendedor y a conducirte a paso firme a través de él, de cómo iniciar pero también terminar.

Una carrera universitaria puede durar el tiempo que decidas, ya que te permite adelantar materias, estudiar en varios turnos o incluso durante las vacaciones de verano. Sin embargo, en el emprendimiento, no es posible "adelantar". No es una carrera de velocidad, sino de resistencia y simplemente continuar.

En el emprendimiento:

- No puedes saltarte etapas, eliminar pasos o acelerar procesos.
- No hay atajos ni posibilidad de copiar.
- No apruebas de manera escrita.
- No tienes un solo maestro, sino muchos.
- No hay un tiempo fijo de culminación.
- No existe un director de escuela ni un horario establecido.
- No puedes cambiar de maestro a voluntad.
- No hay clases sabáticas ni especialización inmediata.
- No hay un tiempo predeterminado de graduación.

Lo que sí hay es proceso, y esto equivale a tiempo. La única forma de "graduarte" es siguiendo adelante.

He dividido este pénsum o plan de estudio en cinco años, cada uno con sus materias, temas y objetivos específicos. Observarás que algunas materias están relacionadas con las del año siguiente, lo cual exigirá mayor esfuerzo y dedicación de tu parte.

- Es importante tener en cuenta que en esta "cátedra":
- No hay un maestro único ni evaluaciones tradicionales.
- No existe una estructura física.
- Cada materia abarca múltiples temas.
- No hay una edad específica para empezar.
- Hay un inicio, pero el final no está determinado.
- Las "materias" no tienen costo monetario, pero sí un costo en tiempo y experiencias.
- Cada vez que no "apruebes" una materia, lo notarás en la pérdida de tiempo, dinero y, a menudo, a través del dolor.

Es crucial que comprendas que no existirá éxito sin fracaso. No podrás aprobar o superar cada año sin aprender de las experiencias que vivas.

Para entrar en materia, cada año está definido por un nombre y viene acompañado de recomendaciones de libros que me han ayudado y que podrían servirte como herramientas para tu formación.

- Primer año: adaptabilidad y despertar
- Libros recomendados:
- Padre rico, padre pobre (Robert Kiyosaki)
- Despierta (Juan Carlos Rodríguez)
- La Biblia del vendedor (Alex Day)
- Los secretos de la mente millonaria (T. Harv Eker)

En el primer año

Iniciarás tu proyecto y, simultáneamente, te "reiniciarás" a ti mismo. Vivirás una serie de nuevas experiencias:

- Soñarás con el proyecto.
- Sentirás que te están "lavando el cerebro".

- Lucharás contra tus propias creencias y las de tu familia.
- Te enfrentarás a deudas ya adquiridas.
- Conocerás el temor y el miedo.
- Te enfrentarás a ti mismo y a otros.
- Querrás abandonar, pero también te obligarás a continuar.
- Dudarás de tu capacidad y de si esto es para ti.
- Considerarás tomarte un tiempo o evitar el problema.

Cada experiencia, acontecimiento y sueño que tengas es válido y necesario, porque no nos prepararon para esto.

A pesar de las dificultades iniciales que puedan presentarse, no bajes los brazos y sigue avanzando. Recuerda que el proceso no se puede adelantar ni atrasar; hay que vivirlo, y los tiempos son diferentes para todos. Aunque avances lentamente, esto no significa que no llegarás.

Necesitarás adaptarte, sometiéndote al duro proceso de la transformación que experimentarás durante este primer año. Cada situación, reto, inquietud e incertidumbre forma parte del proceso de un emprendedor. La belleza no está en el resultado final, sino en quién te conviertes después de reconocer quién eres ahora. Es entonces cuando se produce el despertar, es aquí donde te dices ¡¡¡¡¡¡ah!!!!! ¡¡¡¡Un!!!!.

Por eso, estos dos elementos clave te sostendrán en el emprendimiento:

- Seguir un sistema
- Dejarte guiar
- Vive y disfruta el proceso, aunque no lo entiendas completamente.

Segundo año: confianza y fe

Libros recomendados:

- Las 15 leyes indispensables del crecimiento (John Maxwell)
- Psicología de las ventas (Brian Tracy)
- El poder de la disciplina (Ramón Samsó)
- Hábitos atómicos (James Clear)
- Hazte cargo de tu vida (Alonso Figueroa)

Si has llegado a tu segundo año, mereces una felicitación por haber sobrevivido al intenso proceso de transformación. En esta etapa, sigue apoyándote en quienes apuestan por ti, en esas personas que ven tu potencial incluso más que tú mismo, y que te alientan a seguir intentándolo.

En el segundo año, probablemente ya estés comenzando a entender cómo funciona el emprendimiento. Esto no significa que ya estés listo o que seas un experto. Tal vez no te hayas enamorado aún de las ventas, pero ya entiendes que son una gran fuente de ingresos.

En el proceso de emprender, la confianza es un valor de alto costo y muchas veces impagable. Pero ¿qué es la confianza? Es la seguridad que tenemos sobre nosotros mismos y nuestras capacidades. Esta fuerza interior es crucial para gestionar nuestras emociones, decisiones y acciones. Confiar en uno mismo es clave para alcanzar nuestros objetivos en la vida. Además, la confianza favorece la salud física y mental, sin las cuales no podríamos transitar nuestro camino al éxito.

En la Biblia define a la fe como "la certeza de lo que se espera y la convicción de lo que no se ve" (Hebreos 11:1).

Cuando emprendemos, surgirán dudas y confusiones. En ocasiones, podrías mostrarte incrédulo ante lo que se te presenta. Sin embargo, si has seguido mis recomendaciones, los resultados comenzarán a manifestarse en esta etapa, aunque aún no los vean con claridad. Esto se debe a que la fe es el plan A y es lo que está haciendo posible que las cosas sucedan.

Para mí una forma de reconocer que los resultados están llegando es observando la fluidez de las cosas.

La fe implica:

- Tener esperanza
- Tener amor
- Tener paz
- Tener calma
- Tener armonía
- Apostar por el "sí" y entregarse de verdad

Cuando hablo de fe, me refiero a la confianza de que algo va a suceder y de que lo vas a lograr. Tienes que mantener esa convicción.

La fe es un compromiso a tiempo completo. Es lo que mantiene viva la ilusión, con entusiasmo y deseos de continuar. La fe proviene de Dios, pero debemos nutrirla para mantenerla fuerte. Funciona como un músculo: si se ejercita, crece y se fortalece; si se abandona, disminuye hasta desaparecer.

Es importante tener fe en Dios, en ti mismo, en el proyecto, en el equipo, en la corporación, en la industria y en todo lo que estés haciendo.

La fe es el plan A. Si tienes un plan B, esto significa la derrota del plan A.

Tercer año: seguir y persistir

Libros recomendados:

- Las 17 cualidades de un jugador de equipo (John Maxwell)
- Invierte en ti un minuto (Juan Carlos Rodríguez)
- Fracasando hacia el éxito (Juan Carlos Rodríguez - Enrique Canela)
- Go pro (Eric Worre)
- Desarrolle el líder que está en usted 2.0 (John Maxwell)
- Obras de Zig Ziglar

En este tercer año, es posible que estés experimentando cierta satisfacción y sensación de logro. Si lo comparamos con el sistema educativo tradicional, podría compararse a cuando estás saliendo del tercer año de bachillerato y tienes la opción de elegir entre ciencias o humanidades.

Si has llegado a este punto, estás preparado para vivir la curva del emprendedor de manera consciente. Ya has experimentado ciertos éxitos. El proyecto te ha seducido lo suficiente como para afirmar que nada te apartará de él.

Es posible que en esta etapa hayas realizado ciertas inversiones personales, como las siguientes:

- Adquirir un carro nuevo
- Cambiar de casa
- Mejorar tu vestimenta
- Comprar un buen perfume
- Frecuentar restaurantes de mayor categoría

Tus intereses podrían estar cambiando, y es probable que te preguntes qué hacer con el dinero extra que tienes. Es común que en esta etapa se busque más en qué gastar que en qué invertir.

Es fundamental asociarse con las personas adecuadas. Como dice John Maxwell, "asociarte con ganadores no te garantiza el éxito, pero asociarte con personas fracasadas sí te garantiza el fracaso".

En este tercer año, tienes que invertir mucho en ti mismo. La toma de decisiones se vuelve más frecuente, y es probable que no todas sean acertadas. Sin embargo, como crees que ya lo has logrado, podrías dejarte llevar por tu propio criterio, y es ahí cuando comienzan las derrotas o "fracasos". Juan Carlos Rodríguez los describe como "regalos mal envueltos".

Cuarto año: sistema y educación

Libros recomendados:

- Tus próximas 5 jugadas.
- Las 21 Leyes del liderazgo.
- El millonario instantáneo.
- Cómo ganar amigos e influir sobre las personas.
- Piense y hágase rico.

En este cuarto año, ya estás tomando muy en serio el emprendimiento e incluso te consideras un empresario. Sin embargo, aún luchas con algunos aspectos:

- Viejos hábitos.
- Tu lenguaje.
- Código de vestimenta.
- Puntualidad.
- Alimentación.
- Actividades de ocio.
- Relaciones personales.
- Emociones.

Tu mente o "torre de control" ya está un poco más domesticada.

En esta etapa:

- Influyes más en ti mismo.
- Descubres tu propósito o dirección en la vida.
- Comienzas a invertir en libros de desarrollo personal.
- Tomas conciencia de que tú eres el mayor activo de tu emprendimiento, no el producto.

Eres más consciente de lo que sucede en tu vida. Actúas de forma intencional para que las cosas ocurran. Empiezas a valorarte, pero también descubres aspectos en los que debes trabajar.

En este año, trabajas más en ti que en el proyecto. Te das cuenta de que pensar paga mucho mejor que repetir lo que estabas haciendo. Hacer es automático, pero pensar es intencional.

Avanzas comprendiendo que te equivocarás, pero asumes los errores con más fluidez. Los digieres con más calma y terminas entendiendo que estás creciendo.

En esta etapa, valorarás más tu tiempo y evitarás perderlo. Leerás con mayor propósito, sacando el máximo provecho de cada página. Entenderás que tu vida puede cambiar o transformarse en varios aspectos gracias a una simple lectura, conversación, llamada o visita.

Este año requiere que te eduque de manera intencional. He aprendido que el crecimiento físico es automático, pero el crecimiento mental, emocional y espiritual debe ser intencional.

Enfócate en desarrollar lo que nadie puede quitarte:

- Tu carácter.
- Tus hábitos.
- Tu estado físico.
- Tu personalidad.
- Tus creencias.
- Tu mentalidad.

Trabaja arduamente en ti mismo, porque el crecimiento personal es algo que nadie puede arrebatarte.

Recuerda: la educación nos hace libres.

Quinto año: influencia y liderazgo

Libros recomendados:

- La Biblia del liderazgo (John Maxwell)
- El dolor del liderazgo (Samuel Chand)
- El ADN de las relaciones (Smalley)
- Un líder como Jesús
- Los cambios en el liderazgo (John Maxwell)
- El líder emocionalmente sano (Peter Scazzero)

Al llegar al quinto año, entiendes que la magia reside en ti, no en el proyecto. Comprendes que influir en ti mismo es prioritario. Has crecido, aunque no seas experto en todo, porque has permanecido descubriendo. Si llevas cinco años mejorando y creciendo en una actividad, vas muy bien. ¡Felicitaciones!

Puedes evaluar tu influencia personal observando:

- Tu cuerpo
- Tu alimentación
- Tu conversación
- Tus pensamientos
- Tus cuentas bancarias
- Tus relaciones

Estos aspectos te indicarán si estás listo para influir en otros y si eres coherente entre lo que dices y haces.

En esta etapa:

- Inviertes más en ti
- Te cuesta menos pagar por mentoría, libros y conversaciones productivas
- Aprovechas cada segundo de tu tiempo

- Lees más
- Asistes a menos fiestas y conciertos, pero a más conferencias y talleres.
- Perteneces a clubes de resultados
- Observas el crecimiento gradual de tus cuentas
- Evitas gastos en vicios y compras impulsivas.

Ahora tienes más interés en aprender a gestionar una pequeña empresa. Valoras a quienes te acompañan en el emprendimiento y eres más compasivo con los emprendedores que te siguen. Sientes mayor responsabilidad en tus tareas diarias y un compromiso moral contigo mismo y con los demás.

Tienes mayor claridad respecto a tus valores, visión y propósito.

Gestionas de acuerdo con buenos principios. Sientes pasión por ayudar, servir y transformar tu vida y la de los demás. Simplemente das mucho más.

En el quinto año:

- Tienes hambre de construir para ti y para otros
- Sientes pasión
- Tienes criterios propios

- Eres más compasivo y prudente
- Reaccionas con menos frecuencia
- Eres más pausado
- Comienzas a sentir los beneficios de tu trabajo
- Actúas de manera voluntaria
- Tu economía es más sólida

En este año, te apasionarás más con el liderazgo y sentirás urgencia por desarrollarlo. El liderazgo se absorbe, se capta, se aprende. Puede que nadie te entienda, pero tampoco tienes que explicar mucho. El liderazgo es solitario, pero debes comprender que la mentoría es vital para que tú y tu proyecto trasciendan.

Has desarrollado una mayor destreza en el uso de tu agenda diaria, habiendo descubierto que allí se esconde el éxito. Sin embargo, al enfrentarte a la parte gerencial, lucharás para discernir entre tareas importantes, urgentes y prioritarias.

Darás mayor valor a la vida. Te reconectarás con tu ser y te darás cuenta de lo vulnerables que somos, ya que tu cotidianidad gira en torno a la gente.

En el quinto año, el desafío ya no es la venta. Los grandes retos tienden hacer algunos como estos:

- Sostener al equipo
- Inspirar
- conectar
- Motivar
- Liderar con el ejemplo

El gran objetivo es mantener productivo y sostenido en el tiempo al equipo que te ha seguido, con todas sus imperfecciones. Para mí, ese sigue siendo el desafío: sostener al socio, al cliente interno.

Como dice John Maxwell en su bestseller *"Las 21 leyes irrefutables del liderazgo:"*

- Todo surge y se desploma por el liderazgo.
- El personal determina el potencial de la organización
- Las relaciones determinan la moral de la organización.
- La estructura determina el tamaño de la organización
- La visión determina la dirección de la organización
- El liderazgo determina el éxito de la organización

"El liderazgo importa más que la operatividad de nuestra organización."

John Maxwell

Conceptos básicos que requieres conocer al momento de emprender.

La venta

Como verás, la venta es como una carrera universitaria. Existen muchas falsas creencias sobre el arte de emprender, pero espero haberlas despejado en las páginas anteriores. Los expertos de la industria recomiendan como primera medida que aprendamos a vender. Todos ellos no pueden estar equivocados.

- Crecimiento personal
- Se trata completamente de ti, no de los demás
- Debe ser intencional
- La mejor inversión es la que haces en ti mismo
- Requieres fortaleza mental, física y financiera
- Todos somos exitosos por naturaleza

- Hay una diferencia entre desear y querer
- En esta etapa, empiezas a tener conceptos diferentes sobre la disciplina
- Hábitos

Comienza con los siguientes:

- Lectura
- Alimentación
- Ejercicio
- Meditación
- Espiritualidad
- Entrenamiento diario

Necesitas un espacio físico acorde a lo que quieres construir. Los negocios se hacen en oficinas y entornos de formación, donde te preparas física y mentalmente.

Los que queremos emprender debemos encontrar los primeros 100 NO.

Algunos "no" comunes:

- No quiero
- No me interesa

- No me gusta
- No tengo tiempo
- No estoy seguro/a
- No me entendieron
- No estoy decidido/a
- No tengo disponibilidad
- No tengo trabajo
- No, porque está muy caro
- No lo utilizo
- No lo necesito
- No, porque tengo que hablar con mi pareja
- No confío en la marca
- No, porque ya tengo quien me atienda
- No confío en los vendedores
- No, porque me robaron

Sistemas: son buenas estrategias que se repiten.

24/7: Estar disponible en todo momento para ofrecer tu servicio.

A continuación, veremos lo que debemos aprender como emprendedores sobre determinadas áreas.

- Educación financiera:

- Activos
- Pasivos
- Capital
- Dónde está la inversión
- En qué se debería invertir
- Conocer el momento ideal para invertir
- Creación de empresa:
- Leyes para pequeñas y medianas empresas
- Registro
- Roles (presidente, vicepresidente, etc.)
- Actualización de la compañía
- Pago de impuestos
- Fechas importantes
- Declaraciones fiscales
- Y más aspectos legales y administrativos
- RRHH (Recursos Humanos):
- Selección de socios
- Perfil de nuevos socios
- Captación de personal para tu empresa
- Pruebas psicotécnicas
- Manuales de procedimientos
- Perfiles de cargo

Temas de estudio anuales para aprobar la carrera del emprendedor:

- Éxito
- Fracaso
- Carácter
- Adaptabilidad
- Colaboración
- Disciplina
- Pereza
- Diligencia
- Reprogramación
- Necesidad
- Constancia
- Resultado
- Referencia
- Potencial
- Duda
- Zona de confort
- Frustración
- Timidez
- Estancamiento
- Energía

- Miedo
- Grandeza
- Iniciativa
- Prioridades
- Perdón
- Competencia
- Influencia
- Libertad
- Trabajo duro
- Soledad
- Valentía
- Pasión
- Trabajo bajo presión
- Responsabilidad
- Productividad
- Ansiedad
- Autoestima
- Metas
- Ganadores
- Rechazo
- Procrastinación
- Toma de decisiones

- Salud Mental
- Proceso
- Creencias limitantes
- Confiabilidad
- Generosidad
- Actitud
- Estancamiento
- Motivación
- Inspiración
- Autoconfianza
- Escucha activa
- Sueños
- Enfoque
- Resiliencia
- Carisma
- Compromiso
- Liderazgo
- Leyes
- Mitos
- Errores
- Coraje
- Empleado vs. emprendedor

- Deudas
- Visión
- Misión
- Valores
- Esperanza
- Fe
- Agregar valor
- Trabajo en equipo
- Empoderamiento
- Legado
- Gestión del tiempo
- Propósito

Conceptos adicionales:

- Ley de Pareto (80/20): se trata de dedicar mayor tiempo a lo que nos reporta más beneficios. Esta ley plantea que el 20% de los clientes son los que nos generan el 80% de nuestras ganancias. Por esta razón, a este tipo de clientes conviene dedicarles más tiempo.
- Fanática del proceso no de la Perfección. Margarita Paso.

PÉNSUM

AÑO 1

- APRENDIZAJE & ADAPTABILIDADES
- VENTA CRECIMIENTO
- PERSONAL
- HÁBITOS NUEVOS

AÑO 2

- CONFIANZA & FE
- VISIÓN DEL PROYECTO I
- INVERTIR EN TI I
- VENTA II

Columna Año 1:

- ENTRENAMIENTO DIARIOS
- CAPTACIÓN DE CLIENTES EXTERNOS I
- TELEMARKETING
- DEMOSTRACIÓN Y PRESENTACIÓN DE PRODUCTO
- SEGUIMIENTO DE SISTEMA
- REPORTE DIARIO
- RENDICIÓN DE CUENTA
- LOS PRIMERO 100 NO
- LO QUE NO SE DICE DEL EMPRENDEDOR
- 24/7
- CAPTACIÓN DE CLIENTES INTERNOS PERFIL I

Columna Año 2:

- RR.HH.
- CONCEPTOS BÁSICOS DEL EMPRENDIMIENTO
- ENTRENAMIENTO Y CAPACITACIÓN DIARIA
- CAPTACIÓN DE CLIENTES INTERNOS (ENTREVISTA)
- SISTEMA ADAPTABLE
- MATERIALIZACIÓN DE SUEÑOS
- EDUCACIÓN FINANCIERA
- CREACIÓN DE EMPRESA
- SUEÑOS
- CONOCIMIENTOS BÁSICOS DE EMOCIONES

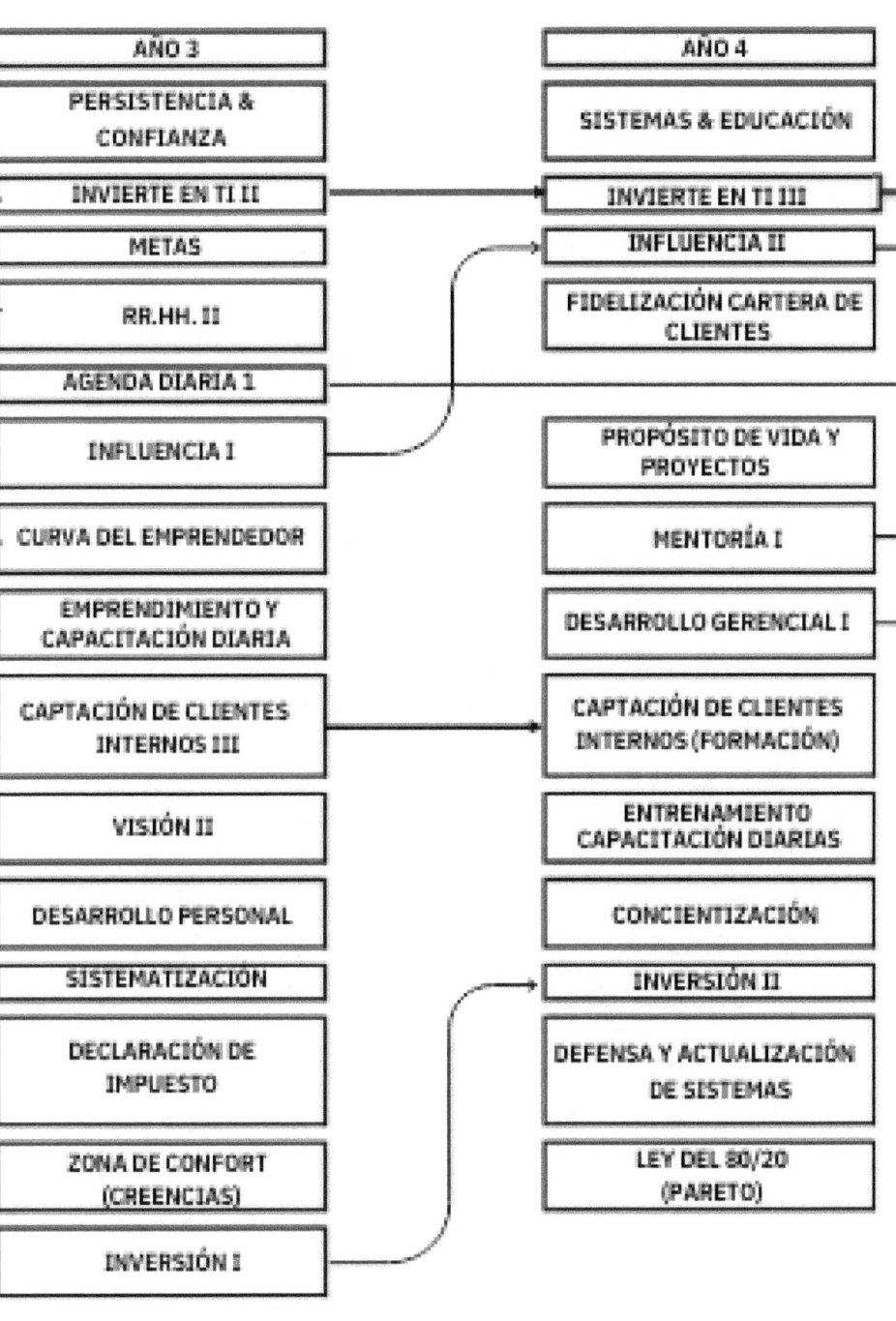

Capítulo V

LO QUE NO SE NOS DICE AL MOMENTO DE EMPRENDER

Muchos se preguntan, si el emprendimiento es bueno, ¿por qué hay tantos empleos? Pero si emprender fuera malo o difícil, ¿por qué hay tanta gente buscando libertad de tiempo y dinero? Porque la idea de "ser tu propio jefe" ha ganado mucha popularidad en los últimos tiempos. Entonces, ¿emprendemos o ejercemos una profesión tradicional?

Es difícil tener una respuesta definitiva. El emprendimiento es una decisión, aunque a menudo no nos enamoramos del proyecto que iniciamos, sino del resultado que esperamos.

Desde mi experiencia, puedo afirmar que emprender es una gran carrera. Me ha ayudado a sacar lo mejor de mí como profesional y como persona. Todos tenemos fuerzas interiores y sueños por alcanzar. Pero, como he dicho antes, el miedo y la duda son nuestros principales obstáculos. El medio a lo desconocido, al qué dirán, a no confiar en uno mismo o en el proyecto, a no tener el control, e incluso a fracasar antes de empezar.

En mi caso, decidí emprender cuando me dejé enseñar por otros. Hice una pausa en lo aprendido y dejé el ego de lado. Sin embargo, tras entender cómo funciona el emprendimiento, te encuentras con lo que no se nos dice al inicio, que son las cosas que surgirán en el proceso.

Algunas de ellas son las siguientes:

- Mucho trabajo
- Preocupación
- Servicio constante
- Dolor y decepción
- Luchas interiores
- Intimidación y amenazas
- Conflictos interpersonales
- Competencia
- Desilusión y desánimo

- Necesidad y estrés
- Incertidumbre y confusión
- Envidia y desorientación
- Pérdidas y egos
- Luchas de poder y control
- Miedo e injusticias
- Dudas y comparaciones
- Presión y desesperación
- Incomodidad y burlas
- Críticas y soledad
- Responsabilidades y preocupaciones
- Infidelidad y deslealtad
- Exposición y compromiso
- Etiquetas y "divinización"
- Infidelidad, deslealtad
- interés

Estas experiencias, aunque no están en ningún manual, son parte de mi proceso. Son "materias" que debes aprobar para graduarte. Es lo que te hace crecer. La experiencia es crecimiento, la necesitas y debes atravesarla. Es lo que llamo la parte oscura del emprendimiento. Ten en cuenta que no todo es así.

Pero son situaciones que yo viví y por eso es que lo comparto aquí.

He aprendido que el emprendimiento (crecimiento) es lento, doloroso y no se puede ver. Como me he tomado muy en serio el desarrollo personal para mantener fluido el emprendimiento, he entendido muchas de las situaciones que viví. Ahora comprendo que a los procesos hay que vivirlos, no pasarlos por alto ni apurarlos. Aunque el entorno pueda presionar para que crezcas rápidamente, uno de los requisitos para perdurar en tu emprendimiento es pasar por el proceso, y eso requiere tiempo.

En algún momento de este camino, me dije: "¿Para qué apurarme en algo que durará gran parte de mi vida?".

Hablando de historia, no solo la vida muestra los altibajos típicos si no también el emprendimiento. Vemos períodos de gran éxito, desafíos significativos (como la pérdida del equipo y la pandemia mundial) y capacidad de recuperación y adaptación. Asimismo, podemos notar cómo el crecimiento no es lineal, por lo cual se requiere perseverancia.

Toda esta explicación la traigo a colación para mostrarte que el emprendimiento, al igual que la vida, es una gran montaña rusa. El mayor reto de un emprendedor consiste en poder mantener un equilibrio integral: físico, emocional, espiritual y económico. Esta es mi realidad actual.

A continuación, me centraré en algunos años clave en los que descubrí lo que llamo "la parte oscura de mi emprendimiento".

Cuando en 2012, Elías recibió el primer premio como novato del año en venta directa, nos presagiaron un futuro muy promisorio. El proyecto y la estrategia para nosotros fueron dados por sentado. Incluso la existencia del próximo ascenso, un nivel respetado dentro del área o industria en la que nos encontramos.

Los veteranos del negocio nos hablaban sobre el potencial que teníamos y lo grandes que seríamos. Nos decían lo que podríamos alcanzar, la cima que íbamos a tocar y lo que viviríamos si continuábamos con la actividad, enfocados, determinados, confiando en nuestro patrocinador y en nosotros mismos.

Al principio, con mi poco conocimiento y mi falta de confianza en la actividad, esto me irritaba. Sentía que me leían el futuro y que de alguna manera me exigían, me retaban, me probaban y, sobre todo, me exponían públicamente.

Hoy puedo entender por qué los líderes hacen esto. Ellos tienen la habilidad de ver mucho más allá de lo que una persona común puede ver. Los líderes sacan lo mejor de ti envolviéndote en un ambiente de crecimiento. Y en ocasiones te obligan porque saben que eres capaz de lograr e incluso construir grandes cosas. Te llevan al siguiente nivel. Pero en ese momento, no lo veía, no lo sentía y no lo entendía de esa manera.

¿Por qué hago este preámbulo? Porque quiero enfatizar que no hay perdurabilidad que se genere solo por acción. Es necesaria la educación. Es decir, si me dedico únicamente a dar resultados, obtendré ventas por sentido común e incluso por estadística. De hecho, esto fue lo único a lo que me dediqué; hice del resultado una forma de comunicación.

Entre 2013 y 2018, nuestro resultado fue increíble, inspirador, motivador y muy deseado. Lo consideraba justo, un premio por mi trabajo y esfuerzo. Recuerdo esos tiempos como una gran época. El elogio, las felicitaciones y el reconocimiento eran la norma. Eran tiempos en los que entendía lo que siente un artista cuando se presenta en un escenario con miles de personas elogiándolo, aplaudiéndolo y coreando sus canciones.

En esa temporada, donde todo estaba relacionado con nuestro ascenso, a pesar de nuestra poca edad y experiencia, empezaron a tomarnos como ejemplo en algunos territorios. Incluso hicimos una gira por Estados Unidos, como si fuéramos artistas. Estuvimos en California, Georgia, Houston, Texas, Carolina del Sur, Carolina del Norte, Tampa, Fort Lauderdale, Jacksonville, Tallahassee, Miami y Orlando. La pregunta recurrente que recibíamos era la siguiente: "¿Cómo lo hicieron?".

En nuestra respuesta les hablábamos de actividad. Insistíamos en la fórmula actividad = resultado. Nos referíamos a la importancia del trabajo duro. Por supuesto, también hablábamos un poco de nosotros como personas, pareja, familia, etc. Sin embargo, no hablábamos de preparación, educación, trabajo interior, desarrollo personal, lecturas, relaciones interpersonales, cursos, grupos de formación, seminarios, talleres, círculos íntimos, proyectos, estrategias, etc.

Es una linda época porque sientes que ya lo has logrado, que has sacado lo mejor de ti, que te las sabes todas más una, que ya no tienes necesidad de nadie más ni de seguir aprendiendo. Piensas: "Yo soy de la nueva generación, y los que tienen décadas ya están obsoletos o con estrategias vencidas". Es simple, porque llegaste a tu cima o, mejor dicho, a tu tope... Error que cometemos los emprendedores (pero es que tampoco se nos dice, ya que no existe un manual).

Me sentí así porque la cantidad de felicitaciones eran incalculables. Éramos referentes de cómo hacerlo, modelo para muchas organizaciones dentro de nuestra industria en Estados Unidos. Se nos ponía como ejemplo de cómo alcanzar el éxito en el menor tiempo posible. Recibíamos llamadas, correos, audios, cartas con mensajes tales como: "Quiero ser como tú", "quiero tener una pareja como la de ustedes", "quiero un equipo como el de ustedes", "quiero saber todo lo que saben ustedes", "quiero el sistema que han creado ustedes", "ustedes son los mejores", entre tantos otros.

Cuando ves que lo que haces está causando semejante impacto, te dices: "Me están mirando. Lo estoy haciendo bien; yo soy la que sabe de esto". Es entonces cuando el ego pasa a dirigir el proyecto, y ocurre lo siguiente:

- La escucha deja de existir
- El aprendizaje se detiene
- La obediencia desaparece
- Los valores y principios se alejan
- La humildad se esfuma
- Te la crees

El ego se convierte en el protagonista y no te deja ver más allá. Sientes que no necesitas de nada ni de nadie. Pero lo cierto es que no podemos conseguir el éxito solos. Somos demasiado pequeños para pretender hacer cosas grandes.

En 2015 se nos presentó la oportunidad de expandirnos a Fort Myers, Florida, donde actualmente se ubica nuestra oficina. Nos trasladamos desde Tampa con la seguridad de que seguiríamos creciendo, con el objetivo claro de alcanzar un título importante dentro de la industria en poco tiempo.

Fuimos los primeros en nuestra área en dar el salto hacia la independencia. Todo se desarrolló de forma fluida: con solo una visita, logramos establecer la segunda oficina de ventas directas en el estado. Aunque esta acción me generaba cierto temor, sabía que era un reto inevitable. La adrenalina nublaba mi perspectiva, pero sentía que no tenía nada que perder. Contábamos con el apoyo de mis patrocinadores, el equipo, la zona, los recursos, los resultados, la capacidad de trabajo, el compromiso, y creía tener el dinero necesario. Pensé que lo tenía todo y me confié.

Éramos un gran equipo que remaba en la misma dirección. Compartíamos la misma visión. Parecía imposible no obtener resultados. Nuestra oficina estaba bien estructurada en términos de contenido y plan de entrenamiento. Estábamos dispuestos a hacer lo necesario para alcanzar nuestras metas. Éramos muy competitivos, conocíamos las técnicas necesarias para triunfar y, sobre todo, teníamos mucha ambición. Nos movían motivos poderosos, ardientes deseos de ser los mejores, hambre de triunfo y sed de ser campeones.

Sin embargo, carecíamos de humildad y valores sólidos. Había competencia poco sana, contiendas, conflictos de intereses, vivezas, rivalidad, envidia, celos, chismes, quejas y deshonestidad. Lo más grave era nuestra inmadurez e inexperiencia. A pesar de todo, éramos los primeros. Llegamos a representar el 50% de la producción del territorio. Esto me daba poder y alimentaba mi ego. Nuestros resultados y volúmenes de ventas me hacían creer que éramos indispensables para el territorio.

Me convencí de que los problemas siempre existirían, así que me enfocaba solo en trabajar y supervisar la actividad para obtener resultados. Dejábamos pasar conversaciones importantes, no tomábamos decisiones cruciales y no prestábamos atención a situaciones que requerían nuestra intervención. Permitíamos que muchos problemas con el equipo se acumularan, entre otras cosas. Hoy reconozco que tengo el 50% de responsabilidad en esto.

Una vez más, el resultado era mucho más importante que quienes lo generábamos. La actividad constante y bien definida seguía garantizándonos la posición, el estatus, los reconocimientos y los ingresos.

A lo largo de estos años, he aprendido que, si solo te enfocas en los resultados, es probable que no te sostengas a largo plazo, sino solo por un tiempo limitado. Como dice John Maxwell: "Es mejor educar a la gente y que se vaya, a no educarla y que se quede".

El año 2018 fue crucial, una temporada que forjó mi carácter y golpeó duramente mi ego. Fue un período de autodescubrimiento en el que, después de estar en la cima, en un abrir y cerrar de ojos me encontré sin equipo, sin territorio, sin seguidores, sin premios, sin reconocimientos, sin socios, sin dinero y sin aquellos que me adulaban. En pocas palabras, me quedé sin nada. Todo lo que construimos en cinco años se desvaneció en apenas dos meses. De un equipo integrado por unas ochenta personas, solo diez sobrevivimos al gran terremoto que enfrentamos. Lo único que quedaba eran muchos clientes y un buen vendedor: Elías Guerra, con una visión intacta del proyecto de negocio.

Habíamos tocado fondo. Era frustrante el solo hecho de pensar en volver a construir sobre los escombros. Parecía más fácil dejarlo todo, hacer borrón y cuenta nueva, abandonar. Estaba muy herida, me sentí defraudada, traicionada, burlada. Me llené de ira, había rencor en mi corazón. Pasaba el tiempo llorando y recordando todo lo que había hecho por la gente, lo que les había enseñado sobre ventas. Recordaba los innumerables sacrificios personales hechos por el equipo. Llegué al punto de victimizarme y querer tirar todo por la borda. Me sentí fracasada.

Me deprimía llegar a la oficina y ver ochenta sillas vacías. El impacto fue tal que no me sentía capaz de llamar a un cliente, visitarlo o buscar uno nuevo. Mi proceso de recuperación llevó tiempo, el necesario para poder superarlo. Sin embargo, mientras lloraba y atravesaba el duelo por todo lo que había perdido, los compromisos no se detenían. Tenía un estilo de vida alto, pero ganaba como una vendedora novata.

Entre el trabajo, los compromisos económicos del hogar, y tener que ser madre, esposa, socia y empresaria, el esfuerzo demandado era inmenso.

Lo único que me sostuvo fue la visión clara y la pasión ardiente de Elías. Este hombre veía la imagen final de nuestro futuro y eso le generaba pasión en el presente. Ese fue mi gran esposo, Elías Guerra.

Para emprender, es necesario tener una visión clara y una pasión intensa. Estos valores son fundamentales para materializar los objetivos. Lo que se debe hacer, más allá de todo, es trabajar constantemente sin quejarse. Confié en Elías, en su talento, su efectividad y su entrega. También me generaba confianza su seguridad en este modelo de negocio. Asimismo, confié en mí misma, en lo que sabía hacer, en mi capacidad de trabajo, mi determinación y toma de decisiones. Pero el deseo de salir del lugar donde habíamos caído era lo que más me impulsaba.

Me tocó una vez más confiar en las pocas personas que nos apoyaban. Entonces tuve que acopiarme de humildad y volver a empezar. No obstante, cabe aclarar que no es lo mismo decir "empezar de cero" que "iniciar de nuevo".

Acepté la situación que estaba atravesando, me responsabilicé y tomé acción. Decidí volver a lo básico. Comencé a buscar potenciales clientes, visitar tiendas, ir a ferias, mercados y otros lugares que había frecuentado en el pasado.

El crecimiento era lento e imperceptible. Desconocía esta información porque lo único que sentía era el dolor, la pérdida, el no tener. Llevó tiempo digerirlo, pero mientras tanto, salíamos todos los días a la calle. En muchas ocasiones no teníamos resultado, pero sí la convicción de que estábamos trabajando de forma productiva. Estábamos sembrando con enfoque. Esto significaba que, una vez más, era inevitable obtener resultados.

En esta oportunidad, hice algo diferente: escuché, me dejé guiar, le di autoridad a mentores para que me dirigieran. Descubrí que las conversaciones son la herramienta más extraordinaria para transformar nuestras vidas. Rendí cuentas, hice seguimiento, escuché material potente sobre actitud. Consumí biografías y series educativas. Consultaba y me reportaba diariamente, solo con personas que hacían lo mismo que yo Investigué sobre emprendimiento, frustración y fracaso. Fui curiosa y, de manera intencional, me eduqué y preparé para que el duelo pasara rápido.

En ese tiempo conocí la frase célebre de Reynaldo Candelaria: "Actitud positiva, proceso rápido; actitud negativa, proceso lento"

En esta parte de la historia, aprendí que no se debe vivir en el pasado, pero sí respetarlo. Lo digo porque el pasado te brinda experiencia, vivencias y recuerdos. El pasado te educa, prepara y fortalece. Te permite tomar mejores decisiones. Se suele decir que al pasado debemos tenerlo como referencia. Por eso he compartido contigo una parte de la historia de mi vida. Porque solo aprendiendo de los errores de otros seremos capaces de acceder a la sabiduría.

La experiencia que he vivido ha presentado situaciones en mi vida que nunca creí tener que enfrentar. Sin embargo, he necesitado vivirlas para crecer, forjar mi carácter, desarrollarme, transformarme y hacer mucho más por mí y por los demás.

Todo esto que te he contado ha generado avances. El emprendimiento es netamente práctico, no teórico. He tenido que volver a estudiar y conocer conceptos básicos como visión, meta, valentía, resiliencia, dolor, enfoque, motivación, actitud, proceso, salud mental, consistencia, mentores, frustración, fracaso, miedo, estancamiento, emociones, grandeza, iniciativa, prioridades, influencia, liderazgo, libertad, emprendimiento, sueño, pasión, programación, ansiedad, autoestima, procrastinación, compromiso, talentos y virtudes, entre tantos otros. Estos conceptos me han permitido expandirme y lograr salir de la famosa zona de confort.

En la actualidad, puedo decir que ya tengo mi segundo título profesional llamado "emprendimiento", con tan solo trece años de estudios, aprendidos en la universidad de la vida.

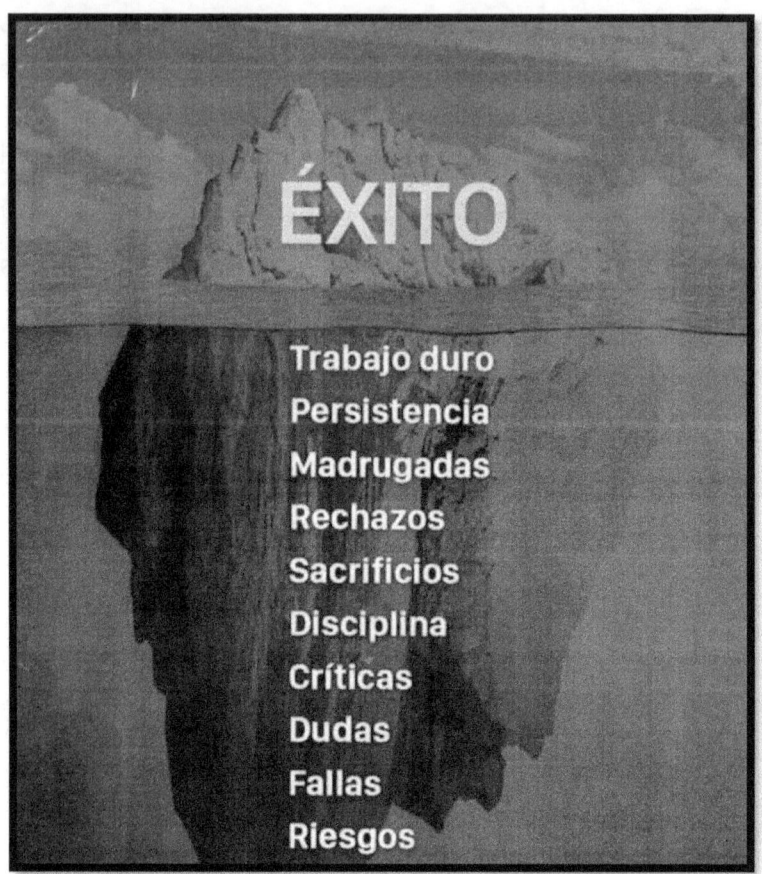

Un poco de sustancia.

Lo que no se nos dice a los emprendedores

- El emprendimiento no es glamoroso ni instantáneo.
- No es cómodo ni para personas perezosas. Tampoco es fácil ni seguro.

- Es un todo en uno: requiere mucho trabajo y conlleva una gran responsabilidad.
- El emprendimiento implica incertidumbre, no saber qué va a pasar.
- Está sujeto a críticas constantes y puede llegar a ser cruel y solitario.
- El emprendimiento es mucha responsabilidad.

Capítulo VI

CARTAS DE MI, PARA EL LECTOR

Si has llegado hasta esta página, es porque te has regalado la oportunidad de conocer una historia real más. Quizá se parezca a la tuya, tal vez conoces a alguien que esté viviendo algo similar, o simplemente la tomarás como una referencia.

Quiero dedicar estas últimas páginas para agradecerte por estar en la búsqueda de ser mejor y convertirte en alguien más grande que la persona que eres hoy.

Asimismo, quiero reafirmarte que tienes el poder de ejercer y, ahora también, de emprender la gran carrera de la venta, recorriendo un camino caóticamente hermoso y sometiéndote al proceso de transformación para convertirte en tu mejor versión.

Quiero recordarte que Dios nos ha creado perfectos, que tiene planes maravillosos para nosotros, que tiene propósitos específicos para ti y para mí. Dios nos ama y, por ese gran amor, nos da dones y talentos, incluso nos pide que los multipliquemos y los usemos. Sin embargo, está en nuestras manos decidir qué hacemos con ellos.

Hoy me siento afortunada, no solo por tener 13 años de experiencia en el mundo del emprendimiento y el liderazgo, sino también por haber logrado escribir este libro, dejando algo que perdure más allá de mi existencia. Mi deseo es que, cuando ya no esté, quede al menos una referencia de una historia que logró transformarse y que, como consecuencia, impactó la vida de muchos: seres queridos, personas cercanas, aquellos con quienes compartí momentos, y también quienes simplemente avanzaron en su camino porque nuestras historias se cruzaron

La carrera de la vida es una maestra tan buena que, en cada paso, te presenta un sinfín de experiencias: suficientes como para distraerte, confundirte, hacerte dudar, olvidar, saturarte de información, preocuparte por trivialidades o historias no tan reales. Entre tantas cosas —ideas, proyectos, cuentos, etc.—, la única verdad es que tú vivirás la vida que decidas y elijas vivir. Esa será la historia que realmente habite en ti, la que será contada o, al menos, vista por otros.

Por eso, autoedúcate. El sistema educativo actual está obsoleto. La educación formal puede darte dinero, pero la autoeducación puede darte una fortuna. Quien no se educa, caduca.

Te comparto estos consejos, aunque no me los hayas pedido, porque sé que te serán útiles para seguir desarrollándote y mantenerte en este desafío: salir de tu zona de confort y elevar tu nivel de conciencia. Como menciona el libro Despierta de J.C. Rodríguez, es necesario superar el nivel de masa (nivel de conciencia 2) para ser parte del pequeño porcentaje de personas exitosas.

Estas son las personas que construyen, edifican, son optimistas, disciplinadas, trabajadoras y resilientes. Aquellas que hablan de riqueza, viajan, disfrutan, ayudan, sirven, aportan, celebran cumpleaños, pero también cumplen sueños. Estas personas se distinguen de quienes siempre buscan respuestas rápidas, como: "¿Cómo comienzo?" o "¿Qué debería hacer?".

No tengo la fórmula ni la respuesta definitiva, pero, con base en mi experiencia, te comparto lo que yo he hecho. Tómalo como un regalo.

Primera

Sé temeroso de Dios. Mantén una relación cercana con Él: asiste a la iglesia, conoce Su palabra. Jesús fue y sigue siendo un gran líder. En la Biblia encontrarás muchas respuestas. Congrégate, medita, ora, estudia Su mensaje. Esfuérzate por vivir la vida que Jesús nos pide que vivamos. Cree, confía y espera. Hay fuerzas sobrenaturales que no puedes ver, pero sí sentir, si tienes una relación profunda, una conexión genuina con el Todopoderoso. Esa relación es la que te dará fortaleza para resistir y paz para continuar.

Como una vez dijo mi pastor Ismael Torres: Cuida tu vida, tu testimonio, lo que haces y cómo hablas, porque puede que esa sea la única Biblia que otros leerán.

Mi conversación diaria:

Señor, gracias por un día más de vida. Gracias porque mi corazón no se ha detenido ni un segundo. Gracias porque estoy completa, porque estoy saludable, porque puedo ver, tocar, escuchar, respirar y hablar.

Gracias, Jesús, porque estás conmigo. Gracias por los retos, las dificultades y los desafíos que enfrento, porque sin ellos no aprendería, no me fortalecería ni forjarías mi carácter. Gracias porque sé que Tú estás conmigo, porque eres Tú quien me bendice, me fortalece, me provee, me da paz y, sobre todo, me sana.

Hoy me presento ante Ti para que se cumplan Tus planes, no los míos, para que se haga Tu voluntad, no la mía, y para que seas Tú quien dirija cada uno de mis pasos.

Permíteme estar atenta a Tus amorosas respuestas y mantenerme despierta para vivir el presente, tomar el pasado solo como referencia y disfrutar el futuro, si así Tú lo dispones.

Señor, concédeme la sabiduría para discernir lo que estoy viviendo. Te pido paz, amor y perdón, no solo para mí, sino para todos. Que todos los seres sean felices, que todos los seres sean dichosos y que todos los seres vivan en paz.

En Tu poderoso nombre, Cristo Jesús. Amén.

Segunda

Conoce tus emociones: cómo funcionas, qué te enoja, qué te da alegría, tristeza o miedo. Edúcate en el tema de la inteligencia emocional. No te quedes en la reacción; mantente sereno, enfocado y determinado. Apasiónate por una sola cosa, porque no puedes ser verdaderamente bueno si estás distraído o distorsionado. Concéntrate en hacer una sola cosa bien, miles de veces. No seas obstinado queriendo hacer demasiadas cosas solo por intentarlas por primera vez.

Conoce tu lenguaje del amor (Los 5 lenguajes del amor, libro recomendado). Aprende qué te detona, qué te irrita o qué te saca de tu zona de paz. Reconoce cómo manejas la tristeza, cuánto tiempo permanecen las emociones en ti, y cómo reaccionas cuando sientes alegría. ¿Eres eufórico? ¿Controlas tus emociones o ellas te controlan?

En este segundo consejo, te invito a que te auto-observes. Sé prudente, guarda silencio, sé discreto, pausado y mantente en serenidad. Si es necesario hablar, hazlo, pero con mesura. Aunque nuestra realidad suele ser lo opuesto —el ruido del sistema, la rutina, el afán diario—, cuando practicas la serenidad, te darás cuenta de los grandes pasos que estarás dando.

Auto-reprograma tu mente. Sumérgete en un proceso profundo de preparación personal: encuéntrate, sepárate, encapsúlate y transforma tu ser. Esta tarea es exclusivamente tuya; no puedes delegarla. Todo depende de ti.

Como escuché decir a Margarita Pasos: "El éxito es psicología, y es en lo que menos nos detenemos a aprender." Queremos resultados, pero no nos comprometemos con el estudio exhaustivo de pensar para ser ricos, como explican varios libros de Napoleón Hill: "Todo reside en la concentración mental." Brian Tracy también lo dice: "Las personas exitosas piensan constantemente en lo que quieren y en cómo lograrlo."

Definitivamente, hay que aprender a pensar. Para hacerlo bien, necesitamos una base sólida de control personal con una buena gestión emocional.

Tercera

Pide ayuda. No te dejes llevar solo por tus propias fuerzas. Mira por un momento a tus padres: ellos han hecho lo mejor que han podido para sí mismos y para ti. Si verdaderamente han logrado algo relevante en sus vidas, quizás puedan ser tus primeros mentores, un modelo o una buena referencia. Pero si no lo son, sé compasivo, agradéceles y pasa la página. Date la oportunidad de ser una versión mejorada de ellos, o mejor aún, tu nueva versión. Ten presente que tú eres la esperanza de muchos.

Atrévete a equivocarte y considera prioritario rodearte de alguien que te acompañe, te guíe y te dé retroalimentación sobre lo que puedes hacer diferente, mejor o excelente.

A los seres humanos nos cuesta pedir ayuda. Nos creemos autosuficientes, pensamos que podemos lograr cosas importantes por nuestra cuenta, pero la realidad es que somos demasiado pequeños para pretender hacer cosas grandes sin apoyo.

Busca un mentor. Encuentra una referencia, una persona que te instruya, te dirija, te abra caminos, te muestre la ruta, te dé indicadores y te sirva de apoyo. Alguien que te diga cómo mejorar tus resultados, que comparta cómo se vive en grandeza, te hable de sus nuevas inversiones, proyectos, amistades, ideas y te inspire a crecer. Permítele exigirte, estirarte y motivarte a alcanzar resultados significativos.

Recuerda: los mentores son quienes están viviendo tu futuro en alguna área que tú necesitas desarrollar: ya sea físico, espiritual, económico, familiar, emocional o en pareja. La importancia de tenerlos radica en que son una de las maneras más efectivas de avanzar y obtener resultados óptimos.

La inteligencia es aprender de tus errores, pero la sabiduría es aprender de los errores de otros. Para convertirnos en extraordinarios, debemos aprender de quienes ya han recorrido el camino.

Un mentor te ahorra tiempo, dinero, esfuerzos y malos entendidos. Te indica exactamente por dónde debes caminar, cuándo hacerlo y con quién. Como dice uno de mis mentores, J.C. Rodríguez: "Una persona quebrada no puede enseñarte riqueza; una persona divorciada no puede enseñarte a tener un matrimonio estable y duradero; un soltero no puede enseñarte a criar hijos; una persona obesa no puede enseñarte a mantener un cuerpo saludable y un plan de alimentación para una vida fit."

Y quiero cerrar con esta reflexión, basada en la Ley N.13 del libro Las 15 leyes indispensables del crecimiento:

"Es difícil superarse cuando no tienes a quién seguir más que a ti mismo."

Cuarta

Aprende a vender y conviértete en un experto, lo que yo llamo un Vendedor Profesional.

Si eres de los que crean la necesidad, eres de los buenos. Si generas un vínculo cliente-vendedor, eres de los buenos. Si ofreces más que un producto, un servicio, eres de los buenos. Si conoces técnicas, hablas menos y escuchas más, si preguntas más, eres de los buenos. Si dominas cierres de ventas, rebates objeciones y no te detienes ante un "no", eres de los buenos.

Cuando sabes vender, no hay manera de que las cosas no sucedan para tu bien y para mejor. Las ventas son la respuesta a los desafíos y adversidades que la vida presenta. No existe la opción de quedarte caído: habrá quiebres, pero la solución más inmediata es vender.

Como dice un gran mentor y amigo muy querido:

"Si estás triste, vende. Si estás deprimido, vende. Si te enojaste con tu pareja, vende. Si te abandonaron, vende. Si estás sin dinero, vende. Si te dejaron tus amigos o tu equipo, sal y vende. Si los problemas parecen insuperables, ¡sal y vende! Para cualquier problema, sal y vende."

– Pedro Iriarte.

"No hay manera de que te vaya mal si sabes hacerlo. Sal y vende."

Las ventas lo curan todo, dice Mark Cuban.

Una historia para contar:

Hace unos años, recién iniciando en el emprendimiento, escuché decir a un gran mentor y amigo querido, Adrián Olmedo: "Todas las historias merecen ser contadas." Al principio no lo entendía, pero ahora, tras 13 años de experiencia, me doy cuenta de que mi historia puede ser un aporte y una inspiración.

Lo que aprendí como vendedora profesional, no solo me convirtió en una mejor empresaria, sino también en una mejor mujer, esposa, madre, amiga, hija, aliada y ser humano.

Este libro, este legado, es fruto de 13 años de vivencias, resumidos en unas cuantas páginas, pero con un año de dedicación para hacerlo realidad.

Cuando me sumerjo en temas de desarrollo personal, liderazgo y emprendimiento, veo un mundo diferente, un mundo que vale la pena explorar. Por eso, te invito: entrégate, apasiónate, obsesiónate. Eso es lo que permite que tus sueños se materialicen y se conviertan en realidad.

Como dijo Martin Luther King: "Las metas pueden dar enfoque, pero los sueños nos dan poder."

Hoy, sigo sin estar donde quiero estar, pero sé con certeza que no estoy donde solía estar.

Busco vivir, no sobrevivir.

Busco acumular experiencias, no que me las cuenten.

Busco estar en la foto, no que me la muestren.

Busco marcar mi propia lista de logros, no ver cómo otros lo hacen.

Intento vivir bajo mis propios términos, no bajo los de otros.

Este es mi primer gran paso, y espero algún día poder conocerte y también leer tu historia.

Los soñadores somos la salvación del mundo, así que, ¡Atrévete!

Al cierre

HONOR A MIS MENTORES

MIS PADRES

ELÍAS GUERRA

"Todo va a estar Bien. . ..
La forma en la que te hablas determinará
tu progreso"
E. G.

SRES. CANDELARIA

*Actitud positiva proceso rápido, actitud negativa proceso lento.
Todo esto forma parte del show*

SEMENIA Y ALEXANDRE EVERST.

"Todo el que trabaja tiene derecho a ganar y a vivir sus sueños. Siempre tienes que creer en la gente. Para emprender debes tener capacidad de trabajo. La mejor opción es vender más. Dios no se queda con el trabajo de nadie".

S.P.

JUAN CARLOS RODRÍGUEZ

"A cumplir sueños y no solo años".
@invierteenti

ALONSO FIGUEROA

"Un líder nunca se cansa. El lenguaje y las acciones no son inocentes. Las empresas no tienen alma".
@gerenciaenredes

OMAR ASA

"Observa, espera y no juzgues. Sé feliz".
O.A.

MARGARITA PASO

La calidad de tu VIDA depende de la calidad de tus preguntas
MP

ROSARIO MARÍN
PRIMERA TESORERA HISPANA EN EEUU

YOKOI KENJI

"El éxito una montaña de fracasos. . .".
Y. K.

CECILIA Y RAMÓN PARADA.

"Suena en Grande y jamás dejes de Hacerlo. Si el cielo es el límite, tiene significado, entonces es para ustedes"

SOBRE LA AUTORA

Anny Beatriz Barboza Aranaga. es una mujer venezolana, cristiana, madre, esposa, emprendedora y empresaria, con más de una década de experiencia en el desarrollo del área de ventas directas y liderazgo.

Según sus palabras, a lo largo de los años ha ido descubriendo su propósito en la vida. Se ha convertido en una mujer que aporta valor a la transformación de hombres y mujeres, creando organizaciones de ventas productivas y sostenibles. En su búsqueda, promueve el fortalecimiento de los principios y valores en las familias y hogares, considerando a la industria de las ventas como creadora de líderes y un puente para alcanzar lo que todos anhelamos: libertad, independencia, fluidez financiera, paz y felicidad.

Anny Barboza es una mujer que va narrando su camino. Cree haber completado una primera etapa de su vida, aunque es consciente de que aún tiene mucho más por aprender.

Experiencia:

- Emprendedora de corazón desde 2013.
- Licenciada en Administración, egresada de la Universidad del Zulia.
- CEO de The Best Company desde 2011 (EE. UU.).
- Creadora del programa The Best Women desde 2018 (dirigido a la educación y transformación de mujeres emprendedoras y empresarias en ventas directas).
- Protagonista en la Oportunidad Royal de la marca Royal Prestige (2019).
- Invitada al programa televisivo *Despierta América* para compartir mi historia como mujer emprendedora y empresaria hispana en Estados Unidos (2021).
- Participante en el proyecto de mujeres emprendedoras en la industria de venta directa titulado Desarrollo Gerencial (2017-2018), siendo una de las cinco panelistas invitadas.
- Invitada a compartir mi historia de transformación con numerosas organizaciones de venta directa de la marca Royal Prestige en

distintos territorios de Estados Unidos, incluyendo California, Houston, Florida, Dallas, Georgia, Carolina del Sur, Carolina del Norte, Nueva Orleans, entre otros.

- Asistente a eventos, capacitaciones y talleres de formación y liderazgo.

www.ingramcontent.com/pod-product-compliance
Lightning Source LLC
Chambersburg PA
CBHW070143230526
45471CB00002B/487